Lavendel

Simone J. Taschée
Klaus Postmann

Mit Illustrationen von
Linda Wolfsgruber

mandelbaums *kleine gourmandisen*
N° 54

www.mandelbaum.at
www.mandelbaum.de
ISBN 978-3-99136-040-7

1. Auflage 2024
Lektorat: Margot Fischer
Satz und Umschlaggestaltung: Michael Baiculescu
Illustrationen: Linda Wolfsgruber
Druck: Interpress, Budapest

PROLOG

Der Lavendel ist eine durch und durch dienende Pflanze, er lebt in enger Symbiose mit uns Menschen und unseren Bedürfnissen. Seit Jahrhunderten steht er uns zur Seite, wann immer wir ihn brauchen. Er zog sich zurück, wenn wir ihn nicht benötigten. Um den Lavendel führten Völker nie Handelskriege wie um Pfeffer, Vanille oder Zimt. Auf der Suche nach Lavendel umkreisten keine Seefahrer die Welt. Zum Lavendelanbau musste niemand Regenwälder roden oder Sumpfgebiete trockenlegen. Wo genau im Mittelmeerraum der Lavendel seine Wurzeln hat, können wir nur vermuten. Er tauchte in seiner Geschichte immer an mehreren Stellen gleichzeitig auf, trug dabei die annähernd gleichen Wirkstoffe in sich und wuchs wild in anspruchsvollen Mengen und Qualitäten. Zudem ließ sich die Pflanze bereitwillig kultivieren, in unzählige Arten weiterzüchten und an kühlere klimatische Bedingungen anpassen. Lavendel folgte uns unauffällig auf den Wegen unserer Expansionen, ähnlich der Weintraube. Interessanterweise wächst auch Lavendel dort gerne, wo Wein gedeiht.

LAVENDEL – IMMER FÜR UNS DA

Die schnelllebige, moderne Zeit lässt kaum einen Blick auf unser körperliches Wohlergehen zu. Die Auswirkungen spüren wir jeden Tag. Lavendel ist das perfekte Hilfsmittel auf diesen Wegen. Die Pflanze hat folglich viel mit der Suche nach der eigenen Herkunft und mit Naturverbundenheit zu tun. So trägt Lavendel zur bewussten, achtsamen und nachhaltigen Lebensführung bei. Eine Tasse Lavendelblütentee nach einem stressigen Tag wirkt wahre Wunder. Ein Lavendelkissen neben den Kopf gelegt hilft beim Einschlafen viele Sorgen zu vergessen. Vermutlich seit Jahrtausenden, gesichert seit vielen Jahrhunderten, kennen und schätzen wir den Lavendel als Duft-, Garten-, Heil- und Gewürzpflanze; sei es als Bestandteil von Aromaölen, die wir während der dunklen Jahreszeit in Duft- und Räucherlampen verdampfen lassen; oder als Raumspray, den wir uns allabendlich für einen guten Schlaf auf unser Kopfkissen sprühen; als wohlriechende Seife, die der täglichen Hygiene dient; in Form von Lavendelöl in Kapseln, das zur Besserung von Schlafproblemen, bei Angststörungen oder bei schwachen Nerven hilft; oder aber als Teil einer aromatischen Gewürzmischung, beispielsweise gemeinsam mit Rosmarin, Oregano, Thymian und Bohnenkraut in den Herbes de Provence, die wir uns über Pasta, Gemüse oder eine gebratene Hühnerbrust streuen.

Begleiten Sie uns in dieser kleinen gourmandise auf einer Reise durch mehr als zwei Jahrtausende an Pflanzengeschichte. Tauchen Sie ein in die Zeit der Griechen, Römer, der alten Feinschmecker, Mönche, Botaniker, Wunderheiler, Buchdrucker, Alchemisten, Destillateure und Volksmediziner.

KULTURGESCHICHTE AB DER ANTIKE

Die Zuordnung der Herkunft von Lavendel ist je nach verwendeter Literatur unterschiedlich. Das lag vermutlich daran, dass frühe Quellen noch nicht nach den unterschiedlichen Lavendelarten unterschieden, die wir heute kennen. Als gesichert gilt, dass Lavendel eine subtropische Pflanze aus dem Mittelmeergebiet ist, die sich über viele Jahrhunderte den Gegebenheiten der gemäßigten Zonen Mitteleuropas anpasste. Er braucht wenig Wasser und wächst auf zahlreichen kargen und steinigen Böden.

Die erste Form des Lavendels, die historisch als Pflanze Erwähnung fand, stammt aus dem westlichen Mittelmeerraum. Es war der wild wachsende Schopf-Lavendel (*Lavandula stoechas*), der sich ausgehend von den westlichen Küstenregionen Nordafrikas und den Kanaren entlang der trockenen, warmen Gebirgshänge von Spanien, Frankreich, Italien und des Balkans bis nach Griechenland ausbreitete. Seine primäre Nutzung galt rund um die Zeit von Christi Geburt der Ölgewinnung. So erwähnte ihn der römische Enzyklopädist Aulus Cornelius Celus unter dem Namen *stoechade* um das Jahr 30 zum ersten Mal als Ölpflanze. Einige Jahre später nannte Plinius der Ältere einen Wein mit Schopf-Lavendel in seinem Werk zur Naturforschung *Naturalis historia*. Aus derselben Zeit, während der Epoche Kaiser Neros von 54 bis 68, ist die älteste Beschreibung von Geschmack und Herkunft des Lavendels durch den griechischen Militärarzt in römischen Diensten Pedanios Dioskurides erhalten geblieben. Dioskurides gilt als einer der bekanntesten Ärzte der Antike und als Wegbereiter der Pharmakologie (Arzneimittellehre). In seinem Werk *De materia medica* (Über Arzneistoffe) erwähnte er die medizinische Wirksamkeit einzelner Pflanzen, darunter auch den Schopf-Lavendel. Den Geschmack des *stoichas* bezeichnete er als scharf und etwas bitter, das Kraut verglich er im Aussehen mit Thymian. Dioskurides kannte Lavendelwein und -essig, die er gegen dicken Schleim und Blähungen sowie zum Vertreiben von Nervenschmerzen und Kälte empfahl. Als Namensherkunft erwähnte er erstmalig in der Geschichte die Stoichaden, wie damals die der heutigen Côte d'Azur vorgelagerte Inselgruppe Îles d'Hyères genannt wurde. Der Begriff leitete sich von der griechischen Bezeichnung *stoichades nesoi* (Stochadische Inseln) ab. Diese drei kleinen Inseln sind in einer geraden Linie angeordnet, auf Griechisch *stoichos* (für Reihe, Ordnung). Auf eine historische Ungenauigkeit dieser Bezeichnung wollen wir hinweisen: Das griechische Wort *stoichas* wurde in diversen antiken Quellen abgekürzt als *stoi* auch für Kräuter wie Ysop oder Minze verwendet. Es ist denkbar, dass stoichas eine wesentliche weiter gefasste Bedeutung hatte als heute vermutet und neben Lavendel verschiedene Kräuter aus der Familie der Lippenblütler bezeichnete. Eine weitere Ungenauigkeit lässt sich hinter der Geschichte vermuten, dass Griechen und Römer den Lavendel dank der reinigenden Eigenschaften zum Waschen und Baden verwendet und daraus wohlriechende Essenzen gewonnen hätten. So ist die im Marketing verwendete Behauptung, dass »selbst Julius Caesar die entspannende Eigenschaft des aus den Blüten hergestellten Lavendelöls zu schätzen wusste«, mehr als zweifelhaft. Auch sollen römische Soldaten Lavendelöl auf ihren Feldzügen als Wundarznei und zur Beruhigung der Nerven eingesetzt haben. Entsprechende Nachweise dazu gibt es keine. Gesichert gilt lediglich, dass ätherische Öle in der Antike generell für ihre erfrischende und pflegende Wirkung geschätzt wurden. Ob es sich dabei um Lavendelöl, aromatisiertes Olivenöl oder – wie wir gleich zeigen werden – um Narden- oder Speiköl handelte, wissen wir nicht.

BIBLISCHES NARDENÖL …

Rund um die kulinarische Nutzung des Lavendels in der griechischen und römischen Küche stößt man rasch auf Narde und Speik. Historische Quellen vermuten die erstmalige Erwähnung von Lavendel als Gewürz in *De re coquinaria* (Über die Kochkunst), einer mehreren Gourmets namens Apicius zugeschriebenen Rezeptsammlung. Zugegeben, im Apicius war ursprünglich die Rede von Blättern der Narde (*nardus*), jener Pflanze aus der Familie der Baldriangewächse, die für ihr ätherisches Öl und das daraus gewonnene Öl geschätzt wurde. Wie bereits in der Bibel nachzulesen ist, galt das Nardenöl des Nardenbaldrians (*Nardostachys jatamansi*) als eines der wertvollsten der Antike. So sollen die Füße Jesu mit diesem wertvollen Extrakt gesalbt worden sein, der Wert des dabei benutzten Öls wird in der biblischen Geschichte mit 300 Denar angegeben (siehe dazu das Evangelium nach Johannes 12,1-11). Ein Geldbetrag, der dem damaligen Jahreslohn eines Arbeiters entsprach. Folglich waren im frühen Christentum die Salbungen mit diesem kostenbaren Öl nur höheren Priestern sowie Königen vorbehalten. Die wild wachsende Pflanze stammte aus Ostasien, von den Hängen des Himalaja-Hochgebirges. Von dort wurde das Öl über Indien und den Orient bis nach Athen und Rom exportiert. Die Händler gaben den Namen beinahe unverändert weiter, aus dem *narada* Nepals wurde das *nardus* der Römer. Nardenöl hat, ähnlich dem Lavendelöl, eine beruhigende Wirkung, schützt vor Reizüberflutung, stabilisiert die Seele und erleichtert als Raumduft dank der spirituellen Wirkung die Meditation und das Gebet. Allesamt Wirkungen, die wir heute auch dem Lavendel zuschreiben, vermutlich auch der Grund für die Verwechslungen in antiker Literatur. Aus Gewohnheit, auch aus Unkenntnis, nannte man alle angenehm duftenden Ölpflanzen einfach nardus.

… UND BÄUERLICHES SPEIKÖL

Nicht unerwähnt bleiben darf im Zusammenhang mit Aromen der Antike der Speik (*Valeriana celtica*). Bereits Plinius der Ältere ging in seinen Schriften ausführlich auf Verfälschungen des teuren Nardenöls ein, Speiköl spielte dabei eine wichtige Rolle. Ähnlich zur Narde ist der Echte Speik eine Baldrianpflanze, wurde jedoch aufgrund seiner Herkunft als Pflanze der West- und Ostalpen auch *Spica celtica* (*celtica* stand für keltisch, aus dem Norden kommend) oder *Nardum celticum* genannt. Plinius führte beispielsweise an, dass die Spica in Pannonien und im Noricum (das heutige Kärnten und die Steiermark) wachse. Der Speikanbau im Grenzgebiet Südösterreich-Friaul hatte über Jahrhunderte Tradition, der *Spica celtica* wurde als günstige Ölpflanze von Arzneimittelhändlern und Kaufleuten über ganz Europa verbreitet. Der italienische Botaniker und Arzt Pietro Andrea Mattioli hielt im Jahr 1558 in einer Niederschrift fest, dass der keltische Speik als Badezusatz bis nach Syrien und Ägypten verkauft wurde. Speik diente der Gebirgsbevölkerung als Einnahmequelle, selbst Peter Rosegger erwähnte noch Ende des 19. Jahrhunderts in seinen *Schriften des Waldschulmeisters* den Speik auf der Olm für »an bessern Gruchn der Weibaleut im Türknlond«. Hier bietet sich ein schönes Beispiel der in abgeschiedenen Regionen grassierenden Vorurteile gegen Menschen, die wohl keiner der Bewohner jemals persönlich zu Gesicht bekommen hat, von einer olfaktorischen Probe ganz zu schweigen.

EXKURS NACH ÄGYPTEN

Auch die alten Ägypter waren Freunde guter Düfte und aromatischer Öle. Ob diese bereits aus Lavendel gefertigt wurden, gilt jedoch als unwahrscheinlich. Archäologen rund um Howard Carter fanden bei den Ausgrabungen 1922/23 im Grab des Tutanchamun diverse Salbentöpfchen, die selbst nach 3.000 Jahren noch nach Lavendel geduftet haben sollen. Gesichert ist, dass diese Töpfe Fette enthielten, die im Geruch an Kokos und Baldrian erinnerten. Ob diese Fette jedoch pflanzlicher oder tierischer Herkunft waren, ließ sich damals nicht mehr ermitteln. Das von Carter erwähnte Lavendelöl wurde lediglich in kleinen Flacons den aus Ägypten ausgeführten Mumien zur Konservierung beigelegt, woher die Vermutungen stammen, dass bereits die alten Ägypter Lavendel nutzten.

LAVENDEL IM MITTELALTER

In den dunklen Jahrhunderten zwischen der griechisch-römischen Hochblüte und dem Mittelalter ging viel Wissen um die Heil- und Duftpflanzen der Antike verloren oder geriet in Vergessenheit. Im angehenden Mittelalter ab dem 6. Jahrhundert fand Lavendel jedenfalls keine (überlieferte) Erwähnung. Das von Karl dem Großen stammende *Capitulare de villis vel curtis imperii*, die Landgüterverordnung aus der Zeit um 800, gilt als erste zuverlässige Quelle, welche Pflanzen in Gebrauch waren. Auch der *Liber de cultura hortorum* (Buch über die Pflege der Gärten), besser bekannt als *Hortulus*, gilt als eines der ersten botanischen Werke des Mittelalters, das Einblick in die Gestaltung eines Klostergartens gibt. Der Hortulus entstand um 840 als Lehrgedicht des Reichenauer Abtes Walahfrid Strabo, das 24 Heilpflanzen und ihre Anwendungen anführte. Dass Lavendel sowohl in der Landgüterverordnung wie auch im Hortulus keine Erwähnung fand, deutet auf seine zu dieser Zeit nicht vorhandene Bedeutung hin.

Zum ersten Mal (schriftlich) erwähnt wurde Lavendel gegen Ende des 9. Jahrhunderts unter der Bezeichnung *lauendula* als eine Zutat im *Würzburger Rezept*, ein bedeutendes Fieberheilmittel dieser Zeit. Der zugrundeliegende Druck dieser Rezeptur stammt jedoch aus dem 18. Jahrhundert, was darauf deuten lässt, dass die Bezeichnung Lavendel erst später eingefügt wurde. Folgt man der Ausführung des deutschen Botanikers Ernst H. F. Meyer, erfuhr Lavendel gar erst ab dem beginnenden 12. Jahrhundert Verwendung in der Naturwissenschaft. Wie man in seinen ab 1854 veröffentlichten Sammelbänden *Geschichte der Botanik* nachlesen kann, wurde Lavendelöl unter der Bezeichnung *salvicula* anstelle von Speiköl eingesetzt. Salvicula diente viele Jahrzehnte lang als Synonym für den aufkommenden Speik-Lavendel (*Lavendula latifolia* oder *Lavendula spica*). Heute noch ist diese Lavendelgattung als *Saliunca* bekannt. Speik-Lavendel war zu jener Zeit offenbar häufiger anzutreffen als Schopf-Lavendel, er wurde von Hirten und Schärfern des Languedoc und der Provence auf freiem Felde geerntet, destilliert und das *Oleum spicae* an Arzneimittelhändler verkauft. Sein Duft ist aromatischer als Schopf-Lavendel, das Öl deutlich ergiebiger und hochwertiger.

LAVENDELPIONIERIN HILDEGARD VON BINGEN

Gesicherte Anwendung fand Lavendel durch die Benediktinerin und Äbtissin Hildegard von Bingen und ihrer mittelalterlichen Kräuterkunde im 12. Jahrhundert. Sie empfahl ihn mehrfach aufgrund der beruhigenden und entspannenden Eigenschaften. Sie erkannte den positiven Einfluss des Lavendels auf Geist und Körper und nutzte ihn zur Linderung von Kopfschmerzen, zur Förderung des Schlafs und zur Beruhigung der Nerven. Von ihr soll auch der Rat stammen, Kräuter wie Lavendel nicht in Wasser, sondern in Wein auszukochen und in Form von Warmgetränken als Medizin einzunehmen. Heute weiß man, dass ein Dekokt (Abkochung) aus Pflanzen in Alkohol wichtige Bestandteile wie Bitterstoffe oder ätherische Öle deutlich besser löst als heißes Wasser (in Form von Kräutertee). Ob alle Hildegard von Bingen zugeschriebenen pharmazeutischen und naturkundlichen Schriften in der uns bekannten Form wirklich von ihr selbst stammen, bleibt ungewiss. Bewiesen ist, dass sie über 230 verschiedene Kräuter auf ihre Wirkung beschrieb und das damalige Wissen über Krankheiten und Pflanzen aus der griechisch-lateinischen Tradition mit dem der deutschen Volksmedizin zusammenbrachte. Dazu nutzte sie erstmalig auch deutsche Pflanzennamen, was der Bekanntheit vieler Kräuter und Gewürze einen entscheidenden Schub gab. Den Lavendel betrachtete Hildegard von Bingen auch als Pflanze mit spirituellen Eigenschaften, mit einer Verbindung zum Göttlichen. Daher empfahl sie seine Verwendung zur Förderung von spiritueller Klarheit und innerer Harmonie. Eigenschaften, die Mönche der Benediktiner- und Zisterzienserorden in den Folgejahren am Lavendel schätzten lernten und seine Verwendung in unseren Breitengraden nachhaltig festigten.

Klostergärten als Gartenkunstwerke

Zwischen den Klöstern fand seit jeher ein reger Austausch von Pflanzen, Saatgut und pflanzlichen Erzeugnissen statt. Vor allem beliebte mediterrane Gewächse wie Fenchel oder Liebstöckel gelangten auf diesem Weg nach Mitteleuropa und sogar bis auf die britischen Inseln. Mönche bemühten sich, wichtige Gebrauchspflanzen auch hierzulande anzubauen, um die Abhängigkeit von Lieferungen aus dem Mittelmeerraum und aus dem Orient zu beheben. Dabei zählte bei vielen Pflanzen nicht alleine die Tauglichkeit für die Erwerbsgärtnerei. Auch Klostergärten mit Pflanzen zu Meditation, Entspannung und körperlichem Ausgleich fanden Zuspruch. Der immergrüne Lavendel verwies auf das ewige Leben, verkörperte Jungfräulichkeit und Reinheit und wurde mit der unerschöpflichen Barmherzigkeit, Anmut und Milde der Jungfrau Maria in Bezug gebracht. Vorbilder für die Klostergärten des Mittelalters waren antike römische Landvillen, wo Gemüse- und Baumkulturen zur Selbstversorgung angelegt wurden. Diese Unabhängigkeit gegenüber weltlicher Verpflegung galt seit jeher als eines der Grundprinzipien klösterlicher Kulturen, die bereits in der im 6. Jahrhundert von Benedikt von Nursia verfassten *Benediktusregel* ihren Ursprung fand: »Das Kloster soll, wenn möglich, so angelegt werden, dass sich alles Notwendige, nämlich Wasser, Mühle und Garten, innerhalb des Klosters befindet und verschiedene Arten des Handwerks dort ausgeübt werden können.« Auch wenn die Gärten anfangs noch recht einfach gestaltet waren, hielt jeder Mönch seinen eigenen kleinen Garten innerhalb der Mauern des Klosters. Ergänzend dazu wurden Pflanzen in größeren Mengen auf eigenen Landgütern außerhalb der Klöster angebaut. Diese Urbarmachung oft weitläufiger Landstriche durch Klöster führte unweigerlich zur Verbreitung von den in den Klostergärten angebauten Pflanzen, die sich meist von selbst in der wilden Flora rund um die Besitztümer der Ordenshäuser ausbreiteten. Seit dem Hochmittelalter vereinten diese Anlagen immer öfter auch Zier- und Kräutergärten, die ausschließlich der Ruhe und dem Gebet dienten. Da lag es nahe, dass sich diese Gärten bis ins Barock und in die Renaissance zu wahren Gartenkunstwerken entwickelten und vielen adeligen Parkanlagen außerhalb des klerikalen Bereichs als Vorbild dienten. Höhepunkte erreichte dieser Gartenkult in den Anlagen von Schloss Versailles oder Jahrzehnte später in den englischen Landschaftsgärten, wo Lavendel als Rabatte (Beet-Einfassung) bis heute eine wichtige Rolle spielt – wie wir später noch genauer berichten werden.

LAVENDEL IN DER NEUZEIT

Den Durchbruch als moderne Kultur-, Heil-, Duft- und Gewürzpflanze schaffte Lavendel ab der beginnenden Neuzeit, dann aber in atemberaubender Geschwindigkeit. Das hatte mehrere Gründe:

Wissen wird Macht: Buchdruck

Die Erfindung des Buchdrucks ab 1450 markierte eine Vielzahl an kulturellen und wirtschaftlichen Veränderungen. Riesige Buchmengen begannen Europa und den Rest der Welt zu überschwemmen. Bestseller der ersten Jahrzehnte waren, neben der Bibel, Werke aus dem Bereich der Botanik, meist in Form von Kräuter-

und Gewürzbüchern, die sich mit Pflanzen für Medizin und Nahrung beschäftigten (heute besser bekannt als Gesundheitsratgeber). Angesichts der Eigenschaften, die aus früheren Überlieferungen mit Lavendel verbunden wurden, überraschte es nicht, dass Lavendel in allen Kräuterbüchern des 15. und 16. Jahrhunderts auftauchte. Und von Kräuterkundlern in immer größere Arten und Gattungen aufgeteilt und gezüchtet wurde.

Echter Lavendel – edler Balsam

Die Entdeckung des Echten Lavendels machte die Pflanze und das daraus gewonnene, feine Öl zum Liebling der Apotheker. Zum ersten Mal war in der Literatur die Rede vom Echten Lavendel. Zunächst noch als Unterform des Speik-Lavendels (*Lavandula spica var. angustifolia*), später als Französischer Lavendel oder *Lavandula angustifolia*. Im Klassiker *New Kreütterbůch* von Leonhart Fuchs aus dem Jahr 1543 waren Echter Lavendel und Speik-Lavendel abgebildet, beide noch als *Pseudonardi* bezeichnet. Fuchs gilt als einer der Väter der modernen Pflanzenkunde, gleich gefolgt von Hieronymus Bock. Dieser veröffentlichte 1546 die illustrierte Ausgabe seines *New Kreütter Bůch*, wo er ebenfalls beide Lavendelarten behandelte, dem Speik-Lavendel jedoch stärkere medizinische Wirkung zusprach. Auch wenn sie erst viele Jahrhunderte später analytisch nachgewiesen werden konnte, erkannten die Alchemisten der angehenden Neuzeit, welche Heilkraft im Lavendel steckte. So berichtete der Deutsche Arzt und Apotheker Jacobus Theodorus, besser bekannt als Tabernaemontanus, nach seinem Studium in Südfrankreich um 1548 von einem wildwachsenden Kraut, aus dem »Oel, sonderbarlich bereitet und distillirt, welches Spicenoel dann in allen Apotheken unter dem Namen Marien Madgalenenoel als rechter edler Balsam gefunden« wurde.

Gute 200 Jahre später erfolgte die erste botanische Klassifizierung des Lavendels durch den schwedischen Naturforscher Carl von Linné, der die Grundlagen der heutigen botanischen Taxonomie schuf. Linné sprach dem Lavendel in seinem Werk *Species Plantarum* im Jahr 1753 den botanischen Namen *Lavandula* zu und unterteilte die Gattung in die Arten *dentata* (Krauser Lavendel), *stoechas* (Schopf-Lavendel), *spica* (Speik-Lavendel), *angustifolia* (Echter Lavendel) und *multifida* (Spanischer Lavendel). Auffallend ist bei allen Autoren der frühen Neuzeit, dass sie durchwegs Vergleiche zu bereits in der Antike verwendeten Pflanzen zogen (mit Narde und Speik), ohne jedoch den Lavendel in der Antike zu verorten.

Ars Destillatoria

Das Destillieren von Pflanzenölen verstanden bereits die alten Ägypter, wobei der Ursprung noch viel früher in Vorderasien vermutet wird. Nach Europa gelangte die Destillation gemeinsam mit den daraus gewonnenen Aromaölen. Zuerst ins antike Griechenland und dann ins Römische Reich, wobei die Destillierkunst hier kaum weiterentwickelt wurde. Erst um 1000 lebte die Technik mit der Erfindung des Destillierhelms und der damit verbundenen Destillation von Trinkalkohol (Ethanol) richtig auf. Ab dem 12. Jahrhundert verstand man, ausgehend von der einflussreichen medizinischen

Schule von Salerno in Süditalien, zudem das Destillieren mittels Kühlverfahren zur Trennung von Flüssigkeiten nach verschiedenen Siedepunkten. Die Alchemisten des 15. und 16. Jahrhunderts sahen in der Destillation nicht nur einen Brennvorgang, sondern auch einen religiösen, spirituellen Prozess. Während der Verdampfung löst sich der Geist von der Materie und vereint sich bei der Abkühlung erneuert und verfeinert wieder mit ihr, eine Abfolge ähnlich dem Tod und der Wiedergeburt des Geistes in einer stofflichen Welt. Der Siegeszug durch Europa war folglich nicht mehr aufzuhalten, konkrete Anweisungen zum Auszug von Arzneistoffen und Ölen aus Pflanzen erlangten vor allem mit dem Buchdruck ihre Breitenwirksamkeit. So gilt der Straßburger Arzt Hieronymus Brunswig mit seinem im Jahr 1500 erschienen Werk *Das buch der rechten kunst zu distilieren die eintzigen ding* als Pionier in der therapeutischen Herstellung und Verwendung von Destillaten aus Pflanzen. Hier wurde erstmalig ein Lavendeldestillat zur Therapie von Schwindel, Krämpfen, lahmen Gliedern, Zahnschmerz, Mundgeschwür oder aber zur Bewahrung von Brot vor Schimmel genannt.

Duftwässer aus der Provence …

Mit der Verfeinerung der Destillierkunst einher ging das Aufkommen des Parfüms. Dass es so weit kam, lag an Grasse, jener sagenumwobenen Welthauptstadt der Parfümindustrie an der französischen Riviera. Bevor in Grasse die eleganten Düfte Einzug hielten, war die Stadt für seine kunstvollen Lederhandschuhe für die französische und europäische High Society bekannt. Um 1700 kam in Europa die Mode auf, den deftigen Geruch der Ledergerbstoffe mit feinen Düften zu überdecken. So wurde die Zunft der Handschuhmacher, 1614 in Grasse gegründet, im Jahr 1714 zur Zunft der Handschuhmacher-Parfümeure. Und schließlich im Jahr 1759 zur Zunft der Meisterparfümeure. Aufgrund der Fülle an regional verfügbaren Rohstoffen wie Rose, Jasmin und Lavendel entwickelte sich Grasse rasch zur internationalen Hauptstadt des Parfums. Damit einher ging die regionale Lavendelverarbeitung in der Provence. Der echte Lavendel wuchs wild in ausreichenden Mengen entlang der Gebirgshänge der Haute-Provence zwischen 800 und 1.800 Meter Höhe, wo er von Hirten und Bauern in freier Landschaft mit der Sichel geerntet wurde. Anschließend wurden Kraut und Blüten vor Ort mithilfe der Alambics, den kleinen fahrbaren Destillierapparaten, zu jenen öligen Essenzen (*huiles essentielles*) verarbeitet, wonach sich die Duft- und Parfumindustrie in aller Welt sehnte. Ab Ende des 19. Jahrhunderts erlebte der kommerzielle Anbau von Lavendel in der Provence seinen ersten Höhepunkt; so wurde im Jahr 1890 das Lavendelgut Le Château du Bois gegründet, das heute als eines der ältesten und renommiertesten Lavendelgüter Frankreichs gilt. Damit war der weltweite Durchbruch geschafft. Lavendel wurde zum Symbol der Provence, das seit 1981 – wie die großen Weinbaugebiete Frankreichs – sogar über eine kontrollierte Herkunftsbezeichnung AOC (Appellation d'Origine Contrôlée) verfügt. Im Jahr 2009 wurde dieses Herkunftssiegel zu *lavande fine AOP* (Appelation d'Origine Protegée) weiterentwickelt. Die AOP umfasst heute mehr als 280 Gemeinden in den Alpes de Haute Provence, Hautes Alpes, Drôme und Vaucluse.

... und aus England

Dass es England war, wo Lavendel der Neuzeit einen weiteren Höhepunkt erlebte, ist heute wenigen Menschen bekannt. Dass der Lavendel mit den Römern auf die Insel kam, wie vor Ort gerne behauptet, lässt sich historisch nicht belegen. Es ist aufgrund der unklaren Sortenzuordnung in der Antike auch nicht anzunehmen. Deutlich besser lässt sich nachweisen, dass Lavendel im 16. Jahrhundert zu Zeiten der Protestantenverfolgungen in Frankreich mit protestantischen Familien aus der Haute Provence nach England gelangte. Sie brachten ihre Lavendel-Stecklinge mit und legten erste Felder im Südosten Londons an. Von hier bezog beispielsweise Yardley seine Öle, ab dem 17. Jahrhundert einer der größten Seifenhersteller dieser Zeit. Die englischen Lavendelöle zählten damals zu den besten der Welt, Yardley züchtete dazu die eigene Sorte *Yardley English Lavender* aus *Lavandula angustifolia*. Im Jahr 1873 wurde dazu das bis heute charakteristische Parfum *English Lavender* auf den Markt gebracht, eine Markenikone der viktorianischen Ära.

Und wie man sich bei den gartenverliebten Engländern vorstellen kann, fand Lavendel auch abseits der Parfümindustrie regen Zuspruch. Dank des französischen Gartenbaumeisters und Sonnengottes Ludwig XIV. rückten im Hochbarock ab der Mitte des 17. Jahrhunderts prunkvolle Gartenanlagen in den Lebensmittelpunkt des Adels. Lavendel spielte als Zier- und Rabattenpflanze eine wichtige Rolle, die er ab dem ausgehenden 18. Jahrhundert auch im klassischen Cottage Garden übernehmen durfte. So verziert im Sommer blühender Lavendel bis heute die englischen Landschaften. Die Lavendelfarmen reichen vom Yorkshire Lavender im Norden Englands über den Norfolk Lavendel an der Ostküste bis zur Somerset Lavender Farm in South West in der Nähe von Bath. Die bekannteste Sorte Cotswold Lavender stammt von der Hill Barn Farm südlich von Birmingham. Auch der Großraum Londons im Südosten des Landes ist für den Anbau bekannt. Sorten wie Kent Lavender, Hitchin Lavender oder der bereits weiter oben genannte Yardley English Lavender stammen von hier. Südwestlich von Kent befindet sich mit der Downderry Nursery die bekannteste Lavendelgärtnerei Großbritanniens, die für ihre gigantische Lavendel-Sammlung mit über 350 Sorten den Status »National Plant Collection« trägt.

WOHLRIECHENDER LAVENDEL

Düfte begleiten uns in allen Lebenslagen, alleine schon das Öffnen einer Tube mit Sonnencreme ruft Erinnerungen an den letzten Strandurlaub hervor. Oder aber Zimt, Gewürznelken oder Mandarinen, die uns in die Weihnachtszeit mit Lebkuchen, Christbaum und Orangenpunsch versetzen. Und spätestens dann, wenn Sie eigene Kinder haben, vergessen Sie niemals den Duft des Lavendels. Wie wohlig schliefen unsere Kinder ein, wenn wir ihnen ein Lavendelsäckchen neben den Kopfpolster legten. Oder aber während der Schulzeit, wo im Kinderzimmer eine Duftlampe mit drei bis vier Tropfen Lavendelöl so manches Wunder bewirkte. Jahre später, wenn die Kinder aus dem Haus sind, weckt ein wohltuender Lavendel-Raumspray Erinnerungen, Gefühle, Emotionen. Nicht ohne Grund nennt man den Lavendel in Fachkreisen das »Schweizer Taschenmesser der Aromatherapie« – wie der nächste Absatz im Detail zeigt.

Aroma als Teil einer Therapie

Spätestens seit der Begründung der Aromatherapie im Jahr 1928 durch den Parfümeur René-Maurice Gattefossé wird Lavendel für seine medizinischen Eigenschaften geschätzt. Vor allem im seelisch-emotionalen Bereich wirkt der Duft entspannend und angstlindernd. Das ätherische Öl spricht dabei nicht nur den Geruchssinn an, sondern wirkt ganzheitlich auf Körper, Geist und Seele. Dieses Wissen ist längst nicht mehr nur in der Phytopharmazie (Heilkräuterkunde) bekannt. Das Öl reduziert die Bakterienkonzentration, stärkt das Immunsystem und wirkt antiviral. Hier kommt nochmals René-Maurice Gattefossé ins Spiel. Dieser zog sich im Jahr 1910 bei einer Explosion im Labor seines Chemieunternehmens schwere Verbrennungen an den Händen und der Kopfhaut zu, die sich anfangs stark entzündeten. Als er begann, sie mit Lavendelöl zu versorgen, heilten die Wunden rasch und ohne Narbenbildung ab. Dieser Erfolg regte ihn zu weiteren Nachforschungen zum therapeutischen Nutzen pflanzlicher Aromen an. Bereits während des Ersten Weltkriegs setzte Gattefossé ätherische Öle in Militärkrankenhäusern ein. So brachte er eine antiseptische Seife auf Basis der Öle von Lavendel, Thymian und Gewürznelken auf den Markt, um damit Kleidung und Verbandsmaterialien zu desinfizieren. In den 1930er-Jahren konzentrierte sich Gattefossé zunehmend auf die Behandlung von Hauterkrankungen und veröffentlichte dazu 1937 die wissenschaftliche Arbeit »Aromatherapie: Ätherische Öle, pflanzliche Hormone«. Damit prägte er schließlich den Begriff der Aromatherapie – heute nicht mehr aus der Pflanzenheilkunde wegzudenken.

Quintessenz: das ätherische Öl

Für die Qualität ätherischer Öle spielen neben den verwendeten Sorten Faktoren wie Klima, Erntezeitpunkt, rasche Verarbeitung des Krautes und der Blüten sowie Art der Destillation eine große Rolle. Viele Produkte sind nicht sortenrein, sehr gerne wird dem echten Öl aus *Lavandula angustifolia* mehr oder weniger viel des günstigeren Lavandins oder des Speik-Lavendels zugefügt. Folglich ist bei Lavendelöl unbedingt auf Qualität und Mischverhältnis zu achten. Die Güte des Öls wird – chemisch betrachtet – wesentlich durch seinen Anteil an Linalool (Weinkennern als wichtigste Komponente des Gelben Muskatellers bekannt) und Linalylacetat (Hauptbestandteil der meisten Zitrusfrüchte) definiert. Diese beiden wirksamkeitsbestimmenden Inhaltsstoffe betragen bei gutem Pflanzenmaterial aus Bioanbau oder Wildsammlungen bis zu 70 Prozent.

Der Duft von echtem, feinem Lavendelöl aus *Lavandula angustifolia* ist elegant-frisch, blumig-zitronig, im Unterton balsamisch-holzig. Nie zu laut oder aufdringlich. Finden sich jedoch Anteile von Lavandin oder Speik-Lavendel, können Sie das mit etwas Übung riechen. Speik-Lavendel enthält im Vergleich zum Echten Lavendel einen deutlich niedrigeren Gehalt an Linalylacetat, dafür einen wesentlich höheren Anteil an Cineol (verantwortlich für die ätherisch frischen Noten von Eukalyptus, Rosmarin oder Salbei) und Campher (auch als Kampfer bekannt, dessen Aroma man als intensiv grasig-harzig beschreibt). Speik-Lavendel mag dadurch nicht die elegant-blumige Note des Echten Lavendels besitzen, wirkt jedoch Wunder als Raumduft zur Behandlung von Erkältungskrankheiten, bei Atemwegserkrankungen sowie Asthma und Heuschnupfen. Noch geruchsintensiver wirkt das Öl des Schopf-Lavendels, das durch seinen hohen Gehalt an Fenchon (Fenchelöl, bitter und kampferartig) deutlich hervorsticht. Fenchelöl gilt als traditionelles Hausmittel bei Erkältungskrankheiten und bei Störungen des Magen-Darm-Traktes, kann aber auch ungewünschte abtreibende Wirkungen zeigen. Deshalb ist eine achtsame Dosierung notwendig.

Anti-Stress-Wasser Lavendelhydrolat

Für den Fall, dass Ihnen im Zusammenhang mit Lavendel bereits der Begriff Pflanzenwasser oder Hydrolat untergekommen ist, hier eine Erklärung. Bei der Wasserdampfdestillation von Lavendelkraut und -blüten entsteht neben dem ätherischen Öl das Lavendelhydrolat. Das ist jener große Anteil an Flüssigkeit, der sich vom dickflüssigen Öl getrennt hat. Was über viele Jahrhunderte als Abfallprodukt verstanden wurde, nutzt die moderne Aromatherapie. Lavendelhydrolat enthält bis zu 68 Prozent Linalool, ihm wird eine beruhigende, angstlösende und ausgleichende Wirkung als Anti-Stress-Wasser zugesprochen. Hydrolate zeichnen sich durch eine hohe Verträglichkeit aus, da sie wenig allergene Komponenten enthalten. Vor allem in der medizinischen Pflege steht ihnen, ergänzend zur Aromatherapie, eine große Zukunft bevor.

WHO IS WHO DER LAVENDELSORTEN

Lavendel gehört botanisch zur Pflanzenfamilie der Lippenblütler (*Lamiaceae*), eine Gruppe mit mehr als 3.000 verschiedenen Arten. Allen diesen Gewächsen geht einher, dass sie für ihre wohlriechenden ätherischen Öle geschätzt werden. Kulinarisch nutzen wir aus dieser Familie beispielsweise Minze, Melisse, Ysop, Majoran, Basilikum, Oregano, Rosmarin, Salbei, Bohnenkraut oder Thymian. Spätestens jetzt ist klar, in welcher duftig-aromatischen Pflanzenwelt wir uns mit Lavendel befinden.

Lavendel darf in keinem Kräuter-, Duft- und Blumengarten fehlen. Die violett-blauen Blüten und die immergrünen Blätter bereiten Freude, alleine schon beim Ansehen. Von vielen Hobbygärtnerinnen und Pflanzenfans hört man, dass sie gar nicht viel mit Blüten und Blättern anfangen wollen oder sie gar ernten. Einfach da sein, beobachten, daran riechen und die Sinne gleiten lassen – dafür eignet sich der Lavendel im eigenen Garten das ganze Jahr über. Hinzu kommt, dass es von der Pflanzengattung *Lavandula* – je nach botanischer Glaubensrichtung – weit über 7.000 Arten und Selektionen gibt. Dies teils mit stark regionaler Ausprägung, wie wir später noch am *Unterdürnbacher Lavendel* sehen werden. Die vier weltweit wichtigsten und bekanntesten Arten stellen wir Ihnen hier in Form kurzer Pflanzenporträts vor.

Echter Lavendel (*Lavandula angustifolia*, *Lavandula officinalis*), auch als Französischer Lavendel, Schmalblättriger Lavendel, Berglavendel, Hochland-Lavendel, Lavander, Nervenkraut und Schwindelkraut bezeichnet, ist ein immergrüner, filzig behaarter, buschiger Strauch mit einer Wuchshöhe bis zu 150 Zentimeter. Seine Blätter sind lanzettlich, schmal und länglich (daher der lateinische Name *angustifolia,* schmalblättrig). Im jungen Zustand sind sie an Ober- und Unterseite graufilzig, später färben sie stark ins Grün. Er zeichnet sich durch rispenartig angeordnete, elegant duftende und blau-violette Blüten aus.

Seine Heimat sind die Berge der Provence, wo die winterharte Sorte bis heute auf 800 bis 1.800 Metern wächst. Es ist die Sorte mit dem wertvollsten Lavendelöl – mit dem Nachteil, dass Echter Lavendel nicht so ertragreich blüht wie die Hybridversion Lavandin. Der Anbau ist aufwändiger, eine Jungpflanze kann erst nach zwei bis drei Jahren zum ersten Mal abgeerntet werden, Lavandin bereits nach einem Jahr. Bei der Destillation von Echtem Lavendel ergeben 130 Kilogramm Blütenrispen etwa einen Liter ätherisches Öl. Ein Hektar einer Lavendelkultur mit rund 17.000 Pflanzen kann so in einem guten Jahr bis zu 25 Liter Öl ergeben, das in der Provence als *Lavendel fein* (lavande fine) vermarktet wird. Lavendelöl aus wildem Anbau nennt man *Lavendel extra* (lavande extra). Als Destillationsgrundlage dafür dient ausschließlich wilder Lavendel der Bergregionen, der nur durch Wildsammlung geerntet werden darf.

Ausschließlich das Öl des Echten Lavendels entspricht der Qualitätsanforderung des Europäischen Arzneibuches, deshalb auch seine Bezeichnung *Lavandula officinalis.* Für sämtliche medizinische und pharmazeutische Anwendungen ist daher nur Echter Lavendel zugelassen.

Speik-Lavendel (*Lavandula latifolia*, *Lavandula spica*), auch Italienischer Lavendel, Breitblättriger Lavendel, Großer Speik, Großer Lavendel oder Saliunca genannt, ist eine mittelgroße, etwas kugelige Pflanze mit Wuchshöhen von bis zu 100 Zentimetern. Der Speik hat silbrige und deutlich breitere Blätter als Echter Lavendel und Lavandin, wovon sich der lateinische Name *latifolia* (breitblättrig) ableitet. Typisch sind seine herb-duftenden, zylindrischen violetten Blütenstände.

Das ursprüngliche Verbreitungsgebiet wird zwischen Spanien, den Balearen, Frankreich und Italien vermutet. In botanischer Literatur aus dem 19. Jahrhundert wurde Speik noch als Italienischer Lavendel bezeichnet, er gilt bis heute als eine der Mutterpflanzen des Echten Lavendels. Ein Grund, warum Echter Lavendel lange Zeit die botanische Bezeichnung *Lavandula spica var. angustifolia* trug. Speik-Lavendel ist etwas frostempfindlicher als Echter Lavendel und fühlt sich daher vor allem an trockenen, sonnigen und küstennahen Hanglagen auf bis zu 600 Metern am wohlsten. Beim Anbau in unseren kühleren Regionen empfiehlt sich ein Winterschutz durch Reisig oder Wintergärten.

Der Duft des Speiks ist weniger nuancenreich als der des Echten Lavendels, sein ätherisches Öl enthält deutlich mehr von den geruchsbestimmenden Ölen Cineol und Campher. Nachdem diese Öle jedoch starke antibakterielle Eigenschaften besitzen, wird Speik gerne in reinigenden Raumdüften, in Seifen oder zur Behandlung von Erkältungskrankheiten eingesetzt. Die Wissenschaft vermutet, dass sich im Speik noch weitere heilkräftige Wirkstoffe befinden, die nicht erforscht sind.

Lavandin (*Lavandula x intermedia, Lavandula hybrida*), auch als Hybrid-Lavendel, Großer Lavendel und Bastard-Lavendel bezeichnet, ist die bekannteste, natürlich auftretende Kreuzung (Hybrid) zwischen Echtem Lavendel und Speik-Lavendel. Lavandin ist ein steriler Hybrid, der bei einer Befruchtung keine neuen Samen ansetzt und daher durch Stecklinge (Sprossteile von Pflanzen) vermehr werden muss. Optisch ähnelt Lavandin dem Echten Lavendel, er wächst als immergrüner Strauch mit einer Wuchshöhe von bis zu 150 Zentimetern. Die Blätter sind lanzettlich bis spatelförmig und graufilzig behaart, der lilaviolette bis hellrosa gefärbte Blütenstand ist verzweigt und lockerblütig.

Wann genau Lavandin als Hybride entdeckt wurde, lässt sich nicht genau bestimmen, erste Aufzeichnungen reichen bis ins frühe 18. Jahrhundert zurück. Eines gilt als gesichert: Die bekannteste Lavandin-Sorte ist Provence-Lavendel ›Grosso‹, eine bis zu 100 Zentimeter hohe und lilafarbene Sorte. Kein anderer Lavendel zeichnet sich durch derart lange Blütenstände aus wie der Grosso, der zudem kaum gegen Krankheiten anfällig und gut frostverträglich ist. Grosso wurde vom Lavendelbauern Pièrre Grosso im Jahr 1972 in der Nähe von Apt entdeckt. Er wächst auf einer Seehöhe von bis zu 800 Metern, wo er heute über 80 Prozent der Lavendelfelder der Provence bedeckt und den (teuren) Echten Lavendel zunehmend verdrängt.

Lavandin hat größere Blütenstände als Echter Lavendel, wodurch die Pflanze bis zu fünfmal ertragreicher ist. Nur etwa 40 Kilogramm Blütenrispen sind für einen Liter Lavandinöl notwendig. Lavandin wird zumeist in der Parfümindustrie zur Herstellung von Reinigungs- und Pflegeprodukten wie Seifen oder Waschmittel verwendet. Lavandin ist auch als Schnittblume sehr beliebt, da sein Duft deutlich intensiver ist als der von Echtem Lavendel und auch länger anhält, andererseits ist sein Aroma nicht so ausgeprägt zart und blumig.

Schopf-Lavendel (*Lavandula stoechas*), wird auch Griechischer Lavendel, Ährenförmiger Lavendel, Stoichas oder Sticados arabicum genannt. Die Bezeichnung Schopf leitet sich vom Blütenstand ab, der von einem Schopf aus violetten und eiförmigen Blättern gekrönt wird. Darunter befindet sich der auffällige ananasförmige Blütenkopf, dunkelblau bis violett gefärbt und intensiv nach Kampfer duftend. Er bevorzugt sonnige und trockene Standorte, da er nicht winterhart ist wie die restlichen Lavendelarten. Folglich kann er als Mittelmeerpflanze nur in milden Regionen im Freien überwintern. In nördlicheren Breitengraden eignet er sich nur als Kübelpflanze, die jedoch aufgrund der einzigartigen Optik unter allen Lavendelarten hervorsticht.

Wie bereits erwähnt, gilt der Schopf-Lavendel als die älteste bekannte Lavendelart. Bedingt durch seine erstmalige Nennung in den Schriften des Militärarztes Dioskurides, wo Südfrankreich als Herkunft angegeben wurde, nannte man Schopflavendel lange Zeit auch *Französischen Lavendel* – nicht zu verwechseln mit dem Echten Lavendel, der heute in Frankreich dominiert. Das heutige Verbreitungsgebiet dieser mediterranen Art erstreckt sich von den Kanarischen Inseln über ganz Südeuropa bis zum östlichen Mittelmeer und Nordafrika.

Das ätherische Öl des Schopf-Lavendels fällt durch seinen hohen Gehalt an Fenchelöl auf, das aufgrund der toxischen und abführenden Wirkung achtsam eingesetzt werden muss.

KLEINES LAVENDEL-BREVIER

Wie der Lavendel zu seinem Namen kam

Die Entstehung der Bezeichnung Lavendel wird meist mit seiner angeblichen Beliebtheit bei den alten Römern in Verbindung gebracht. Lavendel leitet sich vom mittelhochdeutschen *lavandula* ab, dass wiederum dem lateinischen *lavare* (für waschen) entlehnt wurde. So lautet die historische Einschätzung des deutschen Botanikers Heinrich Marzell, der sich besonders mit den volkstümlichen Namen von Pflanzen beschäftigte. In seinem *Wörterbuch der deutschen Pflanzennamen*, das er ab 1943 veröffentlichte, verwies Marzell auf die Verwendung des Lavendels als Zusatz im Waschwasser oder in Bädern, jedoch bezogen auf die Zeit im späteren Mittelalter und nicht in der Antike. So wird der Lavendel – wie wir bereits geschildert haben – in den antiken Werken von Dioskurides oder Plinius immer nur als *stoichas* bezeichnet. Selbst zur Zeit Hildegard von Bingens wurde in der volkstümlichen Benennung noch nicht zwischen Sorten unterschieden, das lateinische *lavandula* schien für alle Arten gegolten zu haben. Die deutschen Bezeichnungen *Lauendula*, *Lauender* oder *Lauendel* begannen sich erst ab dem späten 15. Jahrhundert durchzusetzen, wie unter anderem im *Gart der Gesundheit* des Arztes Johann Wonnecke von Kaub nachzulesen ist, einem der ersten gedruckten Kräuterbücher in deutscher Sprache aus dem Jahr 1485.

Lavendel als moderne Heilpflanze

Die vielfältigen volksmedizinischen Eigenschaften des Lavendels gelten spätestens seit Beginn der Neuzeit als erwiesen. Lavendelduft und Lavendelöl wirken antiseptisch, beruhigend, blähungstreibend und krampflösend und finden Anwendung bei Asthma, Erschöpfung, Herzbeschwerden, Husten, Kreislaufschwäche, Migräne,

Nervenschwäche. Gerne auch bei Nervosität und Schlaflosigkeit, als Badezusatz gegen Gicht, Ischias, Rheuma oder Nervenschmerzen. Dabei sind es vor allem Linalool und Linalylacetat, die verantwortlich sind für die antiseptische, entzündungshemmende und antimikrobielle Wirkung sowie die positive Wirkung auf die Psyche und das zentrale Nervensystem. Im Jahr 2008 wurde dem Lavendel erstmalig der »Oskar« der Heilpflanzen verliehen: Er wurde zur *Heilpflanze des Jahres 2008* ernannt. Dass eine Duft- und Zierpflanze offiziell in den Rang einer Heilpflanze erhoben wurde, erregte damals die Gemüter mancher Experten. Dennoch hatte sich die Jury des NHV Theophrastus (Verein zur Förderung der naturgemäßen Heilweise nach Theophrastus, der seit 1990 jährlich die Heilpflanze des Jahres ausruft) mit ihrer Wahl durchgesetzt. »Die Gesunderhaltung von Nerven und Seele ist in Zeiten der Reizüberflutung besonders wichtig«, lautete die damalige Begründung der Jury. Aktueller kann diese Begründung in Zeiten von Pandemien, Kriegen und überbordender Medienvielfalt nicht sein. Im Jahr 2020 setzte der Studienkreis Entwicklungsgeschichte der Arzneipflanzen am Institut für Geschichte der Medizin der Universität Würzburg nochmals auf den Lavendel und ernannte ihn zur *Arzneipflanze des Jahres*. »Lavendelöl ist das am meisten verwendete ätherische Öl in der Aromatherapie und gilt neben dem Rosenöl als Therapeutikum mit den vielfältigsten Anwendungsmöglichkeiten«, so die Jury.

Die Herznote im Eau de Cologne

Lavendelöl wird heute in einer Vielzahl an Parfüms eingesetzt, wo Lavendel – oft im Verbund mit Rosmarin, Rose oder Jasmin – für die Herznote verantwortlich ist. Diese duftende Rolle, die Lavendel bereits im französischen Grasse spielte, übernahm er auch im Eau de Cologne (Kölnisch Wasser). Die Idee hinter diesem Namen, heute vielmehr als eigene Duftklasse bekannt, stammt vom Italiener Johann Maria Farina, der Anfang des 18. Jahrhunderts als Parfümeur nach Köln kam. Farina schuf um 1723 ein Duftwasser, das er zu Ehren seiner Wahlheimatstadt Eau de Cologne nannte. Das weltweit bekannteste Original Eau de Cologne ist zweifelsohne 4711, erstmalig im Jahr 1799 von Wilhelm Mülhens in Köln vorgestellt. Auch wenn die genaue Rezeptur des Duftes streng geheim gehalten wird, enthält 4711 seit jeher Lavendelöl als Herznote.

Duft für die Seele

Nebst dem Parfüm wird Lavendel als Raumduft geschätzt. Dazu empfehlen wir vorab, auf die Art des Öles zu achten und ausschließlich echtes Lavendelöl zu benutzen, kein oder nur wenig Lavandin. Zur optimalen Wirkung gilt es immer, zuerst das Wasser in die Schale zu geben und erst danach das Öl hinein zu tropfen. Die Menge richtet sich nach der Größe des zu beduftenden Raumes. Das Aroma von echtem Lavendelöl ist blumig-würzig mit balsamisch-holzigem Unterton. Der Raum soll dabei nur zart duften, anderenfalls kommt es rasch zu Kopfschmerzen und Unwohlsein. Je höher und feiner die Verdünnung, desto mehr wird die Psyche angesprochen. Nach jeder zweistündigen Beduftung ist eine längere Pause ratsam, damit sich die Wirkung auf Kopf und Sinne perfekt entfalten kann.

Kunst und Fotografie

Das ätherische Öl des Speik-Lavendels wurde von Künstlern der Spätrenaissance und des Barocks, unter anderem von Peter Paul Rubens, verwendet, um Farben mehr Strahlkraft zu geben und um sie zu fixieren. Dazu wurden Harze in Lavendelöl gelöst, um den Trocknungsvorgang von Farben zu verzögern und damit den Glanz zu erhöhen. Kaum bekannt ist auch, dass die berühmte erste Fotografie der Welt aus dem Jahr 1826, der *Blick aus dem Arbeitszimmer* von Joseph Nicéphore Niépce, mit einem Gemisch aus Lavendelöl und Petroleum entwickelt wurde.

Lavendeltourismus in Frankreich …

Auch wenn der Lavendel heute wild und in Kulturen beinahe auf der gesamten Welt wächst, können Sie ihn nirgendwo authentischer erleben als in Südfrankreich, in der Haute Provence. Fahren Sie dazu am besten von Aix-en-Provence Richtung Norden ins Landesinnere. Zugegeben, dieser Teil der Provence ist kein typischer touristischer Anziehungspunkt, üppig blühende Landschaften sucht man am Weg vergebens. Vielmehr findet man hier unendliche Weiten, bedeckt von Wäldern, kahlen Gebirgszügen und riesigen graugrünen Lavendelfeldern. Aufgepasst, denn diese blühen ausschließlich zwischen Mitte Juni und Mitte August in den berühmten blau-violetten Farben. Die Blütezeit variiert je nach Höhenlage und Lavendelart, auch das tatsächliche Wetter vor Ort beeinflusst das Farbenspiel. Haben Sie jedoch den richtigen Zeitpunkt gewählt, belohnt Sie die Natur mit Fotomotiven, die sie nie wieder vergessen werden. Ein empfehlenswerter Punkt zur Entdeckung der Region ist das Lavendelmuseum *Musée de la Lavande Luberon* in der kleinen Ortschaft Coustellet, im Herzen des Luberon. Hier erfahren Sie alles zur Lavendelpflanze und zur Destillation des Öls. Beeindruckend ist die Sammlung an Alambics, den berühmten Kupferbrennblasen, deren ältestes Modell aus dem Jahr 1626 stammt. Jede Brennblase erklärt den jeweiligen Entwicklungsstand der Lavendeldestillation bis in die heutige Zeit. Hat man das Museum hinter sich gelassen, entdeckt man die verschiedenen Lavendelgebiete entlang der berühmten Lavendelstraße *Les Routes de la Lavande*, je nach Zeitbudget mit dem Auto, dem Motorrad oder mit dem Fahrrad. Die genauen Reiserouten finden Sie am einfachsten auf der Website der Vereinigung *La Grande Traversée des Alpes* oder direkt unter Routes de la Lavande. Auch sehr geschätzt wird der Lavendelweg in Sault im Département Vaucluse, wo Sie ein 4 km langer Rundgang durch die Lavendelfelder führt, begleitet von einer Vielzahl an Informationen über die verschiedenen Pflanzenarten und Destillationsvorgänge.

... und selbst in Österreich

Möchten Sie bis zum nächsten Trip nach Frankreich nicht warten und Lavendel auch in naher Umgebung entdecken, empfiehlt sich das Lavendel-Dorf in Unterdürnbach bei Maissau im Weinviertel. Hier gedeihen nicht nur unzählige Weinsorten, sondern auch über 2.000 Lavendelstauden von knapp 150 verschiedenen Lavendelarten. In Form von drei Lavendel-Schaugärten können diese das ganze Jahr über frei zugänglich bewundert werden, bevorzugt während der Blütezeit im Juni und im Juli. Das Lavendeldorf wurde im Jahr 2007 als Initiative zur Dorferneuerung in Unterdürnbach gestartet und erfreut sich seither großer Beliebtheit. Der Lavendel passt als Heil- und Duftpflanze perfekt zu den Klima- und Bodenverhältnissen der Region, als regionale Besonderheit wurde sogar die eigene Sorte Unterdürnbacher Lavendel aus *Lavandula angustifolia* kultiviert. Dieser steht der Ortsbevölkerung zum Auspflanzen zur Verfügung, um damit freie Flächen zu bepflanzen – eine Besonderheit in ganz Europa.

REZEPTE

Lavendel ist kein weitverbreitetes Gewürz. Seine wohl bekannteste kulinarische Rolle spielt er in Südfrankreich, wo man mit ihm traditionell Kartoffel- und Lammgerichte sowie den Gemüseeintopf Ratatouille würzt. Als Klassiker aller modernen Gewürzmischungen kennen wir alle die *Herbes de Provence*, wo Lavendel neben Rosmarin, Thymian, Bohnenkraut, Majoran, Estragon und Fenchel erfreut. In dieser Form passt die Mischung perfekt zu geschmorten und gegrillten Gerichten, besonders zu Fisch, aber auch zu Gemüse und Fleisch. Generell empfehlen wir den Einsatz von Lavendel in robusten Gerichten, wo sein floraler-ätherischer Geschmack gut harmoniert. Ebenso perfekt eignet sich Lavendel als extravagantes Gewürz für Süßes: Lavendeleis, Marmeladen, Fruchtgelees oder kandierte Lavendelblüten sind ganz besondere Leckerbissen. Und wie so oft beim Würzen entscheidet die Menge, ob eine Speise unangenehm parfümiert oder leicht bitter schmeckt. Daher Lavendel immer dezent einsetzen! Wenn Sie sich in der Küche an Lavendel heranwagen, gehen Sie am Anfang sehr sparsam mit ihm um, bis Sie sich an ihn gewöhnt haben.

Beim Kochen sollten Sie immer zum Echten Lavendel *(Lavandula angustifolia)* greifen, da dieser deutlich süßlicher und milder schmeckt als die anderen, eher herben und seifig anmutenden Sorten. Verwendet werden entweder die weichen Blüten frisch vom Stock oder aber die Trockenware aus dem Gewürzregal. Getrockneter Lavendel hat ein intensiveres Aroma als frischer. Deshalb braucht man von getrocknetem Lavendel auch nur ein Drittel der Menge des frischen Lavendels. Die Faustregel ist daher, dass ein Esslöffel getrocknete Blüten so viel Aroma abgeben wie etwa drei Esslöffel frische Blüten. Getrockneter Lavendel entfaltet sein volles Aroma erst so richtig beim (Mit-)Kochen. Frischen Lavendel hingegen sollten Sie einem Gericht erst gegen Ende der Kochzeit oder direkt vor dem Servieren hinzufügen.

Dazu ein Tipp

Anstelle der Blüten können auch die Blätter sowie Lavendelhonig, Lavendelzucker, Lavendelsalz oder Lavendelöl zum Kochen und Würzen verwendet werden. Aufgrund deren Intensität genügen auch davon geringe Mengen.

Hinweise zur Verwendung des Rezeptteils

Die folgenden Rezepte wurden von uns allesamt genau recherchiert, größtenteils neu komponiert und auf ihre Alltagstauglichkeit hin ausgewählt. Alle Zubereitungen haben wir selbst nachgekocht und in der Familie mit Groß und Klein verkostet. Daher können wir diese mit bestem Gewissen weiterempfehlen.

Unsere Rezepte sind für *vier Personen* berechnet. Ausnahmen führen wir gesondert an.

Für das *Tassenmaß* gehen wir von einer Tasse von 250 Milliliter bzw. 125 Gramm aus.

Beim eingesetzten Lavendel haben wir ausschließlich *Echten Lavendel in Bioqualität* verwendet. Wo möglich haben wir auch bei allen sonstigen Zutaten zu solchen aus biologischem Ursprung gegriffen.

Ist die Rede von frischem Obst und Gemüse, das mit Schale verarbeitet wird, haben wir rein biologische Qualitäten verwendet und empfehlen, dieses vor dem Einsatz immer gut zu waschen, ohne dies extra im Text zu erwähnen.

Lavendel-Zucker

kann zum Süßen von Getränken, Desserts, Eis, aber auch Chutneys und Saucen verwendet werden. Durch diesen Gewürzzucker lässt sich die insgesamt verwendete Zuckermenge in einer Speise verringern.

200 g Rohrzucker • 2 EL getrocknete Lavendelblüten

Den Rohrzucker in ein luftdicht verschließbares Glas füllen und die Lavendelblüten hinzufügen. Es sollte in dem Glas oben ein Finger breit frei bleiben, damit die Mischung gut durchgeschüttelt werden kann. Nach dem Durchschütteln an einem dunklen, kühlen Ort für ein bis zwei Wochen durchziehen lassen. In dieser Zeit gelegentlich erneut rütteln. Der Lavendelzucker ist nach der Ruhepause bereit für seinen Einsatz.

Gewürzsalz mit Lavendel und Chili

Das Lavendelsalz eignet sich hervorragend zum Aromatisieren von hellem Fleisch wie Huhn oder Fisch, aber auch für viele Gemüsegerichte. Durch dieses Gewürzsalz lässt sich die insgesamt verwendete Salzmenge verringern.

40 g grobes Meersalz • 10 g feines Rieselsalz • 10 g Chiliflocken (perfekt: Lemon Drop Chiliflocken) • 10 g grüner Pfeffer • 10 g schwarzer Pfeffer • 10 g getrocknete Lavendelblüten • 5 g Kreuzkümmel, gemahlen • 5 g Salbei

Alle Zutaten in einem Glas mit Schraubverschluss miteinander kombinieren und durchmischen. Bis zum Genuss an einem trockenen, lichtgeschützten Ort aufbewahren.

Lavendelöl

Dieses Lavendelöl eignet sich sehr gut zum Aromatisieren von Salaten oder gegrilltem Fleisch. Alternativ zu Sonnenblumenöl können Olivenöl oder Traubenkernöl verwendet werden.

500 ml Sonnenblumenöl • 3 EL getrocknete Lavendelblüten

300 Milliliter des Öls in ein sauberes Glas füllen, die Lavendelblüten hinzufügen und mit dem restlichen Öl auffüllen.

Es ist wichtig, dass der Lavendel vollständig von Öl bedeckt ist, damit er nicht zu schimmeln beginnen kann. Etwa einen Monat an einem licht geschützten Ort bei Zimmertemperatur ziehen lassen. Dabei gelegentlich schütteln.

Danach abseihen, in eine saubere Flasche füllen und verschließen. An einem dunklen, trockenen Ort lagern.

Lavendelessig

Lavendelessig passt wunderbar über Blattsalat, zu Wild- oder Lammfleisch oder zu Ziegenkäse.

600 ml Weißweinessig • 3 EL getrocknete Lavendelblüten

Den Essig kurz aufkochen, den Lavendel in ein sauberes Glas mit Schraubverschluss geben und mit dem warmen Essig auffüllen. Gut verschließen und schütteln.

Eine Woche ziehen lassen. Dabei gelegentlich schütteln. Danach abseihen, in eine saubere Flasche füllen und bis zum Gebrauch immer im Kühlschrank aufbewahren.

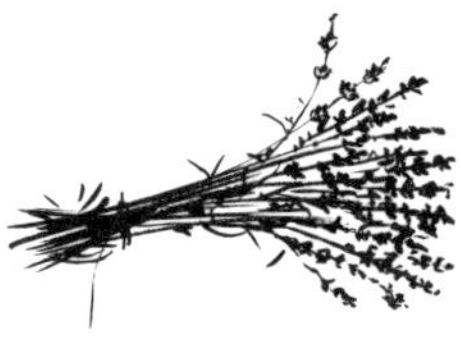

Lavendel-Zitronenbutter

Die Lavendelbutter passt perfekt auf helles und dunkles Brot oder auch zu Lammkotelett.

250 g Butter • 1 EL Zitronensaft • 3 EL getrocknete Lavendelblüten • Abrieb von einer halben Bio-Zitrone

Die Butter in einem kleinen Topf erhitzen. Den Zitronensaft, den Lavendel und den Zitronen-Abrieb hinzufügen. Alles gut durchrühren.

In kleine Förmchen gießen und für mindestens zwei Stunden in den Kühlschrank stellen.

Lavendel-Aioli

Die Lavendel-Aioli passt sehr gut zu gegrilltem Gemüse, zu Fisch und Meeresfrüchten oder zum Dippen mit knusprigem Baguette.

2 Eigelb • 2 Knoblauchzehen, geschält • 1 Thai-Chili, frisch oder getrocknet • Saft und Abrieb einer halben Bio-Limette • 100 ml Olivenöl • 1 TL getrocknete Lavendelblüten • Salz

Eigelb, Knoblauch, Chili, Limettensaft und -abrieb in einem hohen Becher mit dem Stabmixer fein pürieren. Das Olivenöl in einem feinen Strahl einfließen lassen und gut aufmixen.

Die Lavendelblüten in einem Mörser leicht anmörsern. Die Aioli mit Salz abschmecken und die Lavendelblüten unterrühren.

Lavendel-Sirup

Lavendel-Sirup passt hervorragend über Desserts wie Fruchtsalate, zu Käse (Schaf oder Ziege, besonders zum aromatischen Roquefort) oder als extravaganter Aperitif mit Sekt aufgegossen.

200 g Zucker • 150 ml Wasser • 3 EL Zitronensaft • 2 EL getrocknete Lavendelblüten

Zucker, Wasser und Zitronensaft in einem Topf erhitzen; dabei gelegentlich umrühren, bis sich der Zucker aufgelöst hat. Danach bei geringer Hitze rund fünf Minuten leicht kochen lassen.

Den Topf vom Herd nehmen, die Lavendelblüten hinzufügen und den Sirup abkühlen lassen. Abgedeckt für circa drei Stunden ziehen lassen, durch ein Sieb gießen, um die Lavendelblüten zu entfernen. Den Sirup in eine ausgekochte Flasche füllen, verschließen und im Kühlschrank aufbewahren.

Kräutertee mit Lavendel

Für einen Liter Teeaufguss benötigt man zehn Gramm der fertigen Teemischung. Für eine 0,25 Liter Tasse verwendet man zwei bis drei Gramm (das entspricht einem gut gehäuften Teelöffel). Zur Süßung, wenn gewünscht, ist Lindenblütenhonig ideal.

Für 100 g Teemischung

30 g Kamillenblüten • 30 g Lindenblüten • 20 g Lemongrass, geschnitten • 10 g getrocknete Lavendelblüten • 10 g Zimtpulver

Alle Zutaten in einem Glas mit Schraubverschluss miteinander kombinieren und durchmischen. Bis zum Genuss dicht verschlossen an einem trockenen, lichtgeschützten Ort aufbewahren.

Lammfilet mit Lavendel

2 Knoblauchzehen, geschält • 1 EL getrocknete Herbes de Provence • 6 EL Sonnenblumenöl • 4 Lammfilets • 2 EL Olivenöl • Salz • schwarzer Pfeffer, frisch gemahlen

Die Knoblauchzehen grob hacken. Die Lammfilets zusammen mit den getrockneten Kräutern und dem Sonnenblumenöl in einen Frischhaltebeutel legen. Diesen verschließen und das Fleisch mindestens 12 Stunden im Kühlschrank marinieren lassen.

Das Backrohr auf 80 °C Ober- und Unterhitze vorheizen. Die Kräuter von den Lammfilets entfernen. In einer Pfanne das Olivenöl erhitzen und die Filets darin von allen Seiten scharf anbraten.

Die Lammfilets in eine Auflaufform legen und im vorgeheizten Backrohr rund 15 Minuten weitergaren.

Lammfilets aufschneiden, auf Tellern anrichten, mit Salz und Pfeffer würzen und sofort servieren.

Provenzalischer Eintopf mit Entenbrust

1 große Zwiebel • 2 Knoblauchzehen • 2 kleine Zucchini • 1 große Melanzani/Aubergine • 1 rote Paprika • 1 gelbe Paprika • 2 EL Olivenöl • 1 EL getrocknete Herbes de Provence • 800 ml Gemüsesuppe • Salz • schwarzer Pfeffer, frisch gemahlen • 600 g Entenbrust • 400 g mittelgroße Tomaten • 1 EL Honig

Zwiebel und Knoblauch schälen und fein hacken. Zucchini, Melanzani und Paprika waschen bzw. putzen. Die Zucchini in dicke Scheiben schneiden, die Melanzani längs vierteln und ebenfalls in Scheiben schneiden. Die Paprika würfelig schneiden.

Das Öl in einem großen Topf erhitzen, Zwiebel und Knoblauch darin glasig dünsten. Das geschnittene Gemüse und die Herbes de Provence hinzufügen und kurz mitdünsten. Mit der Suppe ablöschen und mit Salz und Pfeffer würzen. Für circa 20 Minuten köcheln lassen.

In der Zwischenzeit die Entenbrust kalt abwaschen und trocken tupfen. Die Haut rautenförmig einschneiden und das Fleisch auf der Hautseite in einer Pfanne ohne Fett etwa fünf Minuten anbraten. Mit der anderen Seite genauso verfahren. Mit Salz und Pfeffer würzen. Die Entenbrust in Alufolie einschlagen und einige Minuten ruhen lassen.

Inzwischen die Tomaten in kochendes Wasser legen, kalt abschrecken und enthäuten. Tomaten vierteln, Strunk und Samen entfernen und im Eintopf rund fünf Minuten mitkochen. Mit Salz, Pfeffer und Honig abschmecken und auf Teller aufteilen. Die Entenbrust in Scheiben schneiden und auf dem Eintopf anrichten.

Zitronen-Lavendel-Huhn

100 g weiche Butter • 2 EL Zitronensaft • 2 Knoblauchzehen, geschält, gepresst • Salz • schwarzer Pfeffer, frisch gemahlen • 2 EL getrocknete Herbes de Provence • 1 bratfertiges Huhn, ohne Innereien (circa 1,5 kg) • 1 Bio-Zitrone • einige Lavendelzweige

Das Backrohr auf 180 °C Ober- und Unterhitze vorheizen.

In einer Schüssel 75 g der Butter mit Zitronensaft und gepresstem Knoblauch mischen, mit Salz und Pfeffer würzen und die Herbes de Provence gut unterrühren. Nun mit einem Teelöffel die Kräuter-Würzbutter unter die Hühnerhaut schieben und von außen durch leichtes Drücken und Massieren möglichst gut und gleichmäßig unter der Haut verteilen, nach Möglichkeit bis in die Keulen hinein.

Die Bio-Zitrone waschen, trocken tupfen und in Scheiben schneiden. Das Huhn innen und außen salzen und pfeffern, die Lavendelzweige und die Zitronenscheiben in die Bauchhöhle stecken. Die restliche Butter in einem Töpfchen schmelzen, mit Salz und Pfeffer würzen und das Huhn damit rundherum bestreichen.

Das Huhn mit der Brustseite nach oben auf einen Bratrost legen, darunter als Tropfschutz ein Blech einschieben und das Huhn im vorgeheizten Backrohr rund eine Stunde garen. In dieser Zeit ein- bis zweimal mit der restlichen Würzbutter oder der austretenden Bratflüssigkeit rundherum bestreichen.

Ob das Huhn gar ist, prüft man am Ende der Bratzeit, indem mit einem spitzen Messer am Keulenansatz ein wenig eingestochen wird – ist der austretende Fleischsaft klar, ist das Huhn gar. Zum Schluss das Huhn noch weitere zwei Minuten bei 200 °C auf Grillfunktion knusprig brutzeln.

Das Huhn heiß direkt aus dem Ofen servieren.

Thunfisch mit Lavendelöl

4 EL getrocknete Lavendelblüten • 3 EL Fenchelsamen, gemörsert • 4 EL Olivenöl • Salz • schwarzer Pfeffer, frisch gemahlen • 800 g Thunfischfilet, in Scheiben geschnitten

Die Gewürze mit dem Öl zu einer Marinade abmischen. Die Fischfilets darin einlegen und abdecken. Für mindestens eine Stunde im Kühlschrank durchziehen lassen.

Ein wenig vom Würzöl in einer Bratpfanne erhitzen und den Thunfisch auf jeder Seite für circa zwei bis drei Minuten anbraten.

Dazu passen Bratkartoffeln oder Wildreis.

Ratatouille

2 große Melanzani/Auberginen • 2 Zucchini • Salz • 125 ml Olivenöl • 1 große Zwiebel, gehackt • 2 Knoblauchzehen, geschält, zerdrückt • 2 TL Zucker • schwarzer Pfeffer, frisch gemahlen • 2 EL Rotweinessig • 1 Dose Tomatenstücke • 60 ml trockener Weißwein • 1 TL getrocknete Lavendelblüten • 2 EL Petersilie, gehackt

Melanzani und Zucchini waschen und in fingerdicke Scheiben schneiden, mit Salz bestreuen und 30 Minuten stehen lassen. Das Salz abspülen, mit Küchenpapier trocken tupfen.

In einer Bratpfanne das Öl erhitzen und die Zwiebel darin goldbraun anbraten. Knoblauch und Melanzani in die Pfanne geben, goldbraun braten, herausnehmen und beiseitestellen. Danach die Zucchinischeiben anbraten, bis sie braun sind.

Das Gemüse in einen großen Topf geben, mit Zucker und Pfeffer bestreuen, den Essig angießen, die Tomatenstücke und den Wein hinzufügen und die Mischung zugedeckt eine halbe Stunde köcheln lassen. Zehn Minuten vor Ende der Kochzeit die Lavendelblüten hinzufügen und mitköcheln.

Mit gehackter Petersilie bestreut servieren.

Fenchel-Tartelettes mit Lavendel

Für den Teig: 115 g Mehl • 1 Prise Salz • 50 g kalte Butter, gewürfelt • 1 EL eiskaltes Wasser
Für die Garnitur: 75 g Butter • 1 Frühlingszwiebel, in Ringen • 1 Fenchelknolle, in Scheiben • 1 EL getrocknete Lavendelblüten • 2 Eigelb • 150 g Crème fraîche • Salz • schwarzer Pfeffer, frisch gemahlen

Mehl und Salz rasch mit der kalten Butter zu einem bröseligen Teig verkneten, das Wasser hinzufügen und zu einer Kugel formen. Auf einer bemehlten Arbeitsfläche ausrollen und vier Tartelette-Formen mit dem Teig auskleiden. Den Teigboden mehrfach mit einer Gabel einstechen und die Formen eine halbe Stunde zum Rasten in den Kühlschrank stellen.

Das Backrohr auf 200 °C vorheizen. Inzwischen die Butter in einem Topf schmelzen, die Frühlingszwiebel, die Fenchelscheiben und den Lavendel hinzufügen. Den Herd auf niedrige Stufe schalten und das Gemüse zugedeckt 15 Minuten köcheln lassen, bis die Frühlingszwiebel und der Fenchel goldbraun sind.

Die mit Teig ausgekleideten Tartelette-Formen mit Backpapier abdecken und für fünf Minuten im Backrohr backen, das Papier entfernen und weitere vier Minuten backen. Danach die Temperatur auf 180 °C reduzieren. Eigelb und Crème fraîche verrühren und mit Salz und Pfeffer abschmecken.

In jede Tartelette-Form zuerst etwas von der Frühlingszwiebel-Fenchel-Mischung, dann von der Crème-fraîche-Mischung füllen. Im Backrohr zehn bis 15 Minuten backen, bis die Tartelettes eine goldene Oberfläche bekommen.

Die Tartelettes können mit einigen Lavendelblüten garniert und heiß ebenso wie kalt serviert werden.

Penne mit Lavendelpesto und getrockneten Tomaten

100 g Pinienkerne • 500 g Penne Nudeln • Salz • 3 Hände voll frische Basilikumblätter, gewaschen, trocken getupft • 100 g frisch geriebener Parmesan • 100 ml Olivenöl Extra Vergine • 2 Knoblauchzehen, geschält, gepresst • Saft einer halben Zitrone • 2 EL getrocknete Lavendelblüten • schwarzer Pfeffer, frisch gemahlen • 200 g getrocknete Tomaten in Öl, abgetropft, klein geschnitten

Die Pinienkerne in einer kleinen Pfanne ohne Fett vorsichtig anrösten, bis sie hellbraun sind. Beiseitestellen und leicht abkühlen lassen.

Jetzt die Penne in einem großen Topf in siedendem Salzwasser bissfest kochen, danach abseihen und dabei 50 Milliliter Nudelwasser auffangen.

Etwa zwei Drittel der gerösteten Pinienkerne, des frischen Basilikums und des Parmesans in einem hohen Gefäß mit dem Olivenöl, dem gepressten Knoblauch, dem Zitronensaft und der Hälfte der Lavendelblüten mit dem Stabmixer zerkleinern und vermengen. Wenn die Konsistenz zu fest ist, etwas Nudelwasser hinzufügen. Mit Salz und Pfeffer abschmecken.

Gekochte Penne in den Nudeltopf zurückgeben, die geschnittenen, getrockneten Tomaten, den restlichen geriebenen Parmesan sowie das Lavendelpesto vorsichtig unterheben. Auf aufgewärmten Tellern anrichten, mit den restlichen, gerösteten Pinienkernen und dem übrigen Lavendel bestreut servieren.

Lavendel-Spaghetti mit Huhn

500 g Spaghetti • Salz • 2 EL Olivenöl • 2 Frühlingszwiebeln, geschält, geputzt, in feine Ringe geschnitten • 1 walnussgroßes Stück frischer Ingwer, geschält, fein gehackt • 500 g Hühnerfilet, würfelig geschnitten • 3 EL Crème fraîche • 1 ½ EL getrocknete Lavendelblüten

Die Spaghetti in einem großen Topf mit Salzwasser bissfest kochen und danach abseihen, dabei 200 ml Nudelwasser auffangen und für die spätere Verwendung beiseitestellen. Die Nudeln in den Topf zurückgeben und warmhalten.

In einer tiefen, beschichteten Pfanne das Olivenöl erhitzen; darin die Frühlingszwiebeln sowie den Ingwer andünsten. Das Hühnerfleisch hinzufügen und kräftig anbraten, bis es eine goldbraune Farbe angenommen hat. Die Crème fraîche einrühren, das Nudelwasser hinzufügen, einmal aufkochen und 15 Minuten vor sich hin köcheln lassen, sodass das Hühnerfleisch butterweich wird.

Abschließend einen Esslöffel der Lavendelblüten untermengen. Nun die Spaghetti vorsichtig mit der Lavendel-Hühnersauce mischen, auf Tellern anrichten und mit den restlichen Lavendelblüten bestreut servieren.

Pikanter Lavendelaufstrich

Köstlich mit knusprigem Brot oder als Dip zum Fleischfondue.

200 g Topfen/Quark (10% F.i.T.) • 150 g Crème fraîche • 1 Knoblauchzehe, geschält, gepresst • 2 EL getrocknete Lavendelblüten • Saft einer halben Zitrone • Salz • schwarzer Pfeffer, frisch gemahlen

Den Topfen und die Crème fraîche miteinander verrühren. Den Knoblauch, den Lavendel und den Zitronensaft untermischen. Mit Salz und Pfeffer kräftig abschmecken. Vor dem Servieren mindestens eine Stunde im Kühlschrank durchziehen lassen.

Lavendel-Brötchen

2 Eier • 1 Pkg. Trockenhefe • 125 ml Milch • 3 EL Olivenöl • 1 EL Honig • 125 ml Wasser • Salz • schwarzer Pfeffer, frisch gemahlen • 300 g Weizenvollkornmehl • 125 g Maismehl • 70 g geriebener Käse (Feta oder Kaseri) • 2 EL getrocknete Lavendelblüten • 1 EL getrockneter Oregano • 1 Eiweiß zum Bestreichen

Die Eier verquirlen, die Hefe in der warmen Milch auflösen und zu den Eiern geben. Öl, Honig, Wasser und je eine Prise Salz und Pfeffer untermischen, danach langsam das Mehl und den Käse unterziehen. Die Kräuter einkneten und alles zu einem geschmeidigen Teig verarbeiten. Für etwa 30 Minuten an einem warmen Ort zugedeckt ruhen lassen.

Nach der Ruhezeit nochmals gut durchkneten und zu handtellergroßen Brötchen formen. Auf ein gefettetes Backblech legen und nochmals eine halbe Stunde ruhen lassen. Das Backrohr auf 150 °C Ober- und Unterhitze vorheizen. Die Brötchen mit Eiweiß bestreichen und circa 40 Minuten backen, bis die Oberfläche schön gebräunt ist.

Birnen-Tarte mit Lavendel

Die Tarte kann lauwarm oder vollständig abgekühlt genossen werden. Dazu passt eine Kugel Vanilleeis.

1 Pkg. Blätterteig • 4–5 Birnen, geviertelt, geschält, Gehäuse und Kerne entfernt • Saft einer halben Zitrone • 2 Eier • 125 g Zucker • 250 ml Schlagobers/-sahne • 1 TL getrocknete Lavendelblüten

Das Backrohr auf 200 °C Ober- und Unterhitze vorheizen. Eine Tarte-Form mit dem Blätterteig auslegen, den Boden mehrfach mit einer Gabel einstechen.

Die Birnen in feine Scheiben schneiden und fächerartig auf dem Blätterteig verteilen. Mit dem Zitronensaft beträufeln und 20 Minuten backen.

Inzwischen die Eier mit dem Zucker, dem Schlagobers und den Lavendelblüten verquirlen. Die Tarte aus dem Rohr nehmen und die Eiermischung über die Birnen gießen. Nochmals circa 40 Minuten backen.

Crème Brulée mit Lavendel

Für 8 Portionen
100 ml Milch • 500 ml Schlagobers/-sahne • 1 Pkg. Bourbon-Vanillezucker • Einige Tropfen Bourbon-Vanille-Extrakt • 2 TL getrocknete Lavendelblüten • 6 Eigelb • 100 g Kristallzucker • 4 TL Rohrzucker

Milch, Schlagobers, Vanillezucker, Vanille-Extrakt und 1 TL Lavendelblüten aufkochen, vom Herd ziehen und etwa 30 Minuten abkühlen und durchziehen lassen.

Die Eigelb mit dem Kristallzucker schaumig schlagen. Die Milch-Schlagobers-Mischung durch ein Sieb gießen und danach langsam in die Eicreme einrühren. Das Backrohr auf 120 °C Ober- und Unterhitze vorheizen.

Die Creme nun in hitzebeständige Schüsseln füllen und diese in eine feuerfeste Auflaufform stellen. Bis zur halben Höhe der Schüsseln mit kochendem Wasser anfüllen und für rund eine Stunde in das vorgeheizte Backrohr stellen, bis die Creme gestockt ist. Abkühlen lassen.

Unmittelbar vor dem Servieren die gestockte Creme mit dem Rohrzucker bestreuen und kurz unter dem vorgeheizten Grill im Backrohr karamellisieren lassen. Zum Schluss mit den restlichen Lavendelblüten bestreuen und servieren.

Cantuccini mit Lavendel

250 g Mehl • 1 TL Backpulver • 50 g Mandeln, gemahlen • 150 g Rohrzucker • Abrieb einer Bio-Orange • 1 EL getrocknete Lavendelblüten • 2 Eier • 1 EL Honig • Mark einer Vanilleschote • 100 g Mandeln, ganz

Mehl, Backpulver, gemahlene Mandeln, Rohrzucker, Orangenschale und Lavendel in einer Schüssel miteinander verrühren.

Eier mit Honig und dem Vanillemark schaumig schlagen. Zur Mehlmischung geben und zu einem glatten Teig verkneten. Die ganzen Mandeln in den Teig kneten.

Das Backrohr auf 200 °C Ober- und Unterhitze vorheizen. Den Teig in drei gleich große Stücke teilen und zu Rollen von circa drei Zentimeter Durchmesser formen. Auf ein mit Backpapier ausgelegtes Backblech legen, dazwischen genügend Abstand lassen, damit sie nicht zusammenbacken. Zwanzig Minuten backen, abkühlen lassen und in etwa zwei Zentimeter dicke Stücke schneiden.

Die Stücke stehend, damit die Schnittflächen gleichmäßig gebacken werden, auf dem mit Backpapier ausgelegten Backblech verteilen. Im vorgeheizten Backrohr weitere 15 Minuten backen, bis die Cantuccini trocken und an den Seiten leicht gebräunt sind. Vom Backblech nehmen und auskühlen lassen.

Lavendel Panna cotta

Die Panna cotta macht sich, mit Lavendelblüten bestreut, bestens auf einem Fruchtspiegel aus Himbeere oder Pfirsich..

5 Blatt Gelatine • 500 ml Schlagobers/-sahne •
100 g Zucker • 1 Pkg. Vanillezucker • 1 EL + 1 TL
getrocknete Lavendelblüten

Die Gelatine in einer Schüssel in kaltem Wasser einweichen.

Schlagobers, Zucker, Vanillezucker und einen Esslöffel Lavendelblüten in einen Topf geben, aufkochen und fünf Minuten auf niedriger Stufe köcheln lassen. Vom Herd nehmen und 15 Minuten ziehen lassen.

Die Gelatine gut ausdrücken, im Schlagobers auflösen, in Förmchen füllen und mindestens drei Stunden, am besten über Nacht, im Kühlschrank fest werden lassen.

Apfelkuchen mit Lavendel

4 Äpfel • 75 g Walnüsse, grob gehackt • 50 g Korinthen • 2 EL getrocknete Lavendelblüten • 100 g Zucker • Zimtpulver • 75 g Butter, würfelig geschnitten

Für den Teig
200 g Zucker • 4 Eier • 200 g griechisches Naturjoghurt • 100 ml Maiskeimöl • Mark einer Vanilleschote • Abrieb einer Bio-Zitrone • 250 g Universalmehl • 1 TL Backpulver

Das Backrohr auf 180 °C Ober- und Unterhitze vorheizen. Das Kerngehäuse von den Äpfeln mit einem Apfelausstecher entfernen, danach die Äpfel schälen und in fingerdicke Scheiben schneiden. Den Boden einer runden Backform mit Backpapier auslegen (nötigenfalls das Backpapier entsprechend zuschneiden) und darauf die Apfelringe so verteilen, dass der Boden so gut wie möglich bedeckt ist. Die Walnüsse, Korinthen, Lavendelblüten, Zucker und Zimtpulver miteinander vermischen und in die Hohlräume zwischen den Äpfeln füllen. Die Butterwürfelchen gleichmäßig über den Äpfeln verteilen und alles etwa 20 Minuten backen, bis die Äpfel leicht gedünstet aussehen.

In der Zwischenzeit den Zucker und die Eier mit dem Mixer auf hoher Stufe aufschlagen, bis sich das Volumen der Mischung verdreifacht hat. Joghurt, Öl, Vanillemark und Zitronenabrieb hinzufügen und auf niedriger Stufe mixen, bis alle Zutaten gut miteinander vermengt sind.

Mehl und Backpulver in eine Schüssel sieben und löffelweise unter die Eimischung rühren. Mit einer Teigspatel gut verrühren, sodass keine Klümpchen entstehen.

Wenn die Äpfel fertig gebacken sind, die Backform aus dem Rohr nehmen und mit dem Teig übergießen. Die Hitze auf 170 °C reduzieren und den Kuchen für circa 35 Minuten weiterbacken, bis die Oberfläche goldbraun ist. Mit einer Teignadel in der Mitte prüfen, ob der Kuchen fertig gebacken ist – es darf kein Teig daran haften bleiben. Danach den Kuchen auf ein Kuchengitter stürzen und auskühlen lassen.

Lavendel-Äpfel

Die Lavendel-Äpfel passen sehr gut zu Eis, Joghurt und zu (Frisch-)Käse.

1 kg Äpfel • 250 ml Süßwein • 4 EL Rohrzucker • 1 KL Zimtpulver • ½ KL Nelkenpulver • 1 TL getrocknete Lavendelblüten

Die Äpfel schälen, halbieren, das Kerngehäuse entfernen und die Hälften auf ein Backblech legen. Den Wein darübergießen; Zucker, Zimt- und Nelkenpulver sowie Lavendelblüten darüberstreuen. Das Backrohr auf 150 °C Ober- und Unterhitze vorheizen. Die Äpfel für rund 25 Minuten darin garen und in dieser Zeit immer wieder mit dem entstehenden Saft beträufeln.

Die Äpfel in eine Schüssel geben, den Saft in einem kleinen Topf einkochen, bis er eindickt, und danach über die Äpfel gießen.

Orangensorbet mit Lavendel

250 ml Orangensaft • 1 EL Zucker • 1 EL getrocknete Lavendelblüten • Einige Lavendelzweige zur Dekoration

Orangensaft, Zucker und Lavendelblüten in einem Töpfchen unter ständigem Rühren so lange köcheln, bis sich der Zucker vollständig aufgelöst hat. Auskühlen lassen, danach im Gefrierfach leicht anfrieren lassen.

In einen Mixer geben, gut rühren und dann wieder in das Gefrierfach stellen.

Kurz vor dem Servieren aus dem Gefrierfach nehmen und leicht auftauen lassen. Nochmals in den Mixer geben und rühren. In hohe Gläser füllen und mit den Lavendelzweigen garnieren.

Obstsalat mit Lavendel

1 kg Obst (Äpfel, Birnen, Trauben, Bananen, Rosinen, Pfirsiche, Granatapfel oder Nektarinen) • 80 g Marillenmarmelade • Abrieb und Saft einer Bio-Zitrone • 2 EL Grand Marnier • 1 EL getrocknete Lavendelblüten • 70 g gehobelte Mandeln

Alle Früchte waschen und/oder schälen und in Würfel schneiden. Zusammen mit der Marmelade in eine Schüssel geben. Den Zitronenabrieb sowie -saft, den Grand Marnier und den Lavendel hinzufügen und gut durchmischen. Im Kühlschrank für rund zwei Stunden durchziehen lassen.

Inzwischen die gehobelten Mandeln in einer Pfanne ohne Fett anrösten, bis sie goldbraun sind. Danach mit dem Obstsalat vermischen. In einer großen Schüssel oder aufgeteilt auf kleine Dessertschalen, garniert mit einigen Lavendelblüten, servieren.

Lavendel-Apfelgelee

Das Gelée eignet sich als Brotaufstrich genauso wie als Beigabe zu Gegrilltem oder zum Käseteller.

1 kg Äpfel • 2 EL getrocknete Lavendelblüten • 1 l Wasser • 375 g Zucker • Saft von einer Bio-Zitrone

Die Äpfel waschen, schälen, vierteln und das Kerngehäuse entfernen. Die Apfelschalen und den Lavendel in ein Gaze-Tuch geben und zusammen mit den Apfelvierteln in einen großen Topf geben. Mit dem Wasser übergießen (die Früchte sollen bedeckt sein) und die Äpfel weichkochen. Durch ein feines Sieb streichen, den Saft in den Topf zurückgießen und erhitzen.

Sobald der Saft kocht, den Zucker und den Zitronensaft hinzufügen und alles bis zum Eindicken etwa 15 Minuten kochen. Gelegentlich mit der Schaumkelle den entstehenden Schaum entfernen. In saubere Einmachgläser füllen und mit Schraubdeckeln verschließen. Bis zum Genuss an einem trockenen, kühlen Ort aufbewahren.

Lavendelmousse

400 g Kiwis • 2 Eier • 60 g Staubzucker • 1 Pkg. Bourbon-Vanillezucker • 1 EL getrocknete Lavendelblüten • Einige Lavendelzweige als Dekoration

Die Kiwis schälen, halbieren und das Fruchtfleisch pürieren. Die Eier trennen.

In einem Töpfchen das Eigelb mit dem Staubzucker sowie dem Vanillezucker verrühren und bei niedriger Temperatur erwärmen. Dabei immer wieder rühren, bis die Mischung hell wird. Nun die Kiwipulpe und den Lavendel hinzufügen. Unter ständigem Rühren für zehn Minuten köcheln, dann vom Herd ziehen.

Das Eiweiß zu festem Schnee schlagen. Vorsichtig unter die leicht abgekühlte Kiwimischung heben, auf Dessertschalen verteilen und vor dem Genuss mindestens zwei Stunden im Kühlschrank fest werden lassen. Mit einem Lavendelzweig dekoriert servieren.

Navettes provençales

für 30 Stück
200 g Staubzucker • 2 Eier • 500 g Mehl • 50 ml Olivenöl • 50 ml Orangenblütenwasser • 2 EL getrocknete Lavendelblüten • 1 Eiweiß

Den Staubzucker und die zwei Eier in eine Schüssel geben und mit dem Mixer so lange rühren, bis die Mischung hell wird. Das Mehl, das Olivenöl, das Orangenblütenwasser und den Lavendel hinzufügen und weiterrühren, bis ein glatter Teig entsteht.

Aus dem Teig kleine Schiffchen formen und auf einem mit Backpapier ausgelegten Backblech auflegen. Abgedeckt mindestens zwei Stunden bei Zimmertemperatur rasten lassen.

Das Backrohr auf 180 °C Ober- und Unterhitze vorheizen. Das Eiweiß verquirlen und die Navettes damit bestreichen. Im Backrohr rund 15 Minuten backen, bis das Gebäck trocken ist und einen hellen Braunton angenommen hat. Vor dem Servieren auskühlen lassen.

Am besten lassen sich Navettes, was so viel wie Schiffchen bedeutet, formen, indem man den Teig rund fünf Zentimeter dick ausrollt und mit einem Messer in circa drei Zentimeter breite Streifen schneidet. Diese rollt man rund, schneidet zwei Zentimeter lange Stücke ab, die man zu einem kompakten Keks rollt, der in der Mitte etwas dicker und an Spitzen ein wenig dünner ist. Jede Navette drückt man mit einem Teelöffel leicht ein, um dem Keks eine angedeutete Bootsform zu geben.

SIMONE J. TASCHÉE

ist promovierte Handelsexpertin mit Schwerpunkt Marketing für Lebensmittel. Als freie Redakteurin schreibt sie für österreichische Fachmagazine im Kulinarikbereich, zudem ist sie Autorin zahlreicher Sach- und Kochbücher rund um Kräuter und Gewürze. Zuletzt erschien von ihr die *kleine gourmandise Tafeltraube* (mandelbaum 2023). Eine weitere ihrer Leidenschaften gehört der Chili; dazu betreibt sie in Wien einen Gewürz- und Chilihandel, wo sie auch eigene Chiliprodukte und Pflanzen vertreibt und ihr Wissen in speziellen Genussworkshops weitergibt.
www.simonetaschee.at sowie *www.chiliwerkstatt.com*

KLAUS POSTMANN

ist promovierter Wirtschaftshistoriker und beschäftigt sich seit vielen Jahren mit der Geschichte von Lebensmitteln und Getränken. Als diplomierter Heilkräutercoach ist ihm zudem die faszinierende Welt der Pflanzen und Kräuter bestens vertraut. Zu diesen Themen schreibt er als freier Redakteur für bekannte Fachmagazine und verfasst als Autor regelmäßig Sachbücher, zuletzt die *kleine gourmandise Tafeltraube* (mandelbaum 2023). Gemeinsam mit Simone J. Taschée betreibt er in Wien den eigenen Gewürz- und Chilihandel, wo er sich um Marketing und Kommunikation kümmert.
www.klauspostmann.at sowie www.inthenameoffood.at

QUELLEN

zu diesem Buch finden Sie auf der Website der Autor:innen unter *www.inthenameoffood.at/literaturquellen*

REZEPTVERZEICHNIS